Pedro
y su espejito

Título original: Pedro y su espejito
Autor: Diego García Fernández
Redes sociales del autor: @diego_garcia_fernandez_
Diseño e ilustración: Paloma Rodríguez
Redes sociales de la ilustradora: @hellopalomaestudio
Correctora: Laura Ferrer
Publicado por Editorial Gusanillo 2025
Redes sociales de la editorial: @editorialgusanillo
Página web de la editorial: www.editorialgusanillo.es
Impreso y encuadernado en España
Código de Depósito Legal: V-3272-2025
ISBN: 979-13-87530-50-1

Gracias a mi pareja, familia, amigos y psicólogos por acompañarme en cada paso y apoyarme cuando más lo necesito.

En el pueblo más pequeño, chiquitito y diminuto de Madrid vivía Pedro. Pedro tenía seis años, los ojos color chocolate, unas hermosas pecas y era rubio como el sol.

Le gustaba leer libros, nadar, jugar con su conejito Pepe y ver películas en familia. También le encantaba ir al campo para explorar todo tipo de insectos y disfrutar de la naturaleza.

Un día, al acabar las clases, salió triste del colegio. Algunos compañeros le habían hecho comentarios sobre su cuerpo y su cara.

Al llegar a casa, se lo contó a Carmen, su madre, que le escuchó sin restarle importancia a sus sentimientos y le abrazó mientras lloraba.

Cuando se calmó un poco, fue al baño y se lavó la cara. Se secó con la toalla y se dio cuenta de una cosa: el espejo que estaba encima del lavabo había cambiado.

Su reflejo era distinto al del día anterior y pensó que podía estar roto. Salió corriendo a mirarse en el espejo de la entrada, pero ahí sus gafas y orejas también parecían enormes.

Pedro se encerró de nuevo en el baño y con mucho miedo, volvió a mirarse. Solo deseaba esconderse de todo el mundo y que su reflejo desapareciese.

—Maldito espejito, ¿por qué mis orejas han crecido tanto? —se preguntaba.
—¡Espejito, espejito, ojalá no existieses! —gritaba en su interior, mientras deseaba ser igual de guapo que Edu o tener tantos amigos como Noa.

Al día siguiente no quería ir a clase. Su padre, para
animarle, le dio un consejo:
—Si alguien te molesta, tienes que pedirle que pare.
Si no lo hace, habla directamente con la profe, ¿vale?
Ella te ayudará.

—Sí, papá, pero tienen razón. Llevo gafas, soy el más bajito...

—¿Y eso importa? La altura o el peso son solo números que cambian a diario y que no te definen. Tú eres muy especial y te querría lo mismo si midieses uno o tres metros.

De camino al cole, Pedro habló con su madre sobre todo lo que le disgustaba. Ella le enseñó que cada persona era única y hablaron sobre la bondad, la empatía, la creatividad y la curiosidad, cualidades que le definían mucho más que su apariencia.

Finalmente, decidieron pasar de la preocupación a la acción y acordaron visitar una óptica para revisar su vista y, en el caso de necesitar otras gafas, elegir un diseño que le gustase más a Pedro.

1
2
3
4
5
6
7

A las nueve, entró más tranquilo a clase. El dictado de lengua fue de maravilla, igual que inglés y matemáticas, pero antes del recreo volvió a escuchar algún insulto.
La tutora se dio cuenta y decidió intervenir proponiendo una actividad para acabar con esta situación.

Repartió un folio a cada alumno con un monigote en blanco. En él, de forma anónima, todos tenían que dibujar y pintar de verde las partes de su cuerpo que les gustaban, de rojo las partes que no y escribir debajo tres rasgos positivos de su personalidad que destacarían.

Pedro coloreó de verde los brazos, los pies, el pelo y muchas otras partes en las que no se solía fijar. También escribió con facilidad sus virtudes y empezó a cambiar la forma en la que se hablaba a sí mismo.

Cuando acabaron, la profesora mostró que ella había pintado de rojo sus dientes porque estaban torcidos, pero explicó que le permitían comer de todo. Finalmente, les preguntó para qué servían los demás sentidos:

—¿Qué pasaría si no tuviésemos ojos?
—No veríamos nada.—dijo Teo.
—¿Y si no tuviésemos nariz como las serpientes?

—¡No podríamos oler! —gritó Bea.
—Tenemos suerte de tener cinco sentidos que funcionan. Eso es más importante que su aspecto.
—concluyó.

Gracias a la charla posterior, todos comprendieron que no era agradable escuchar comentarios sobre su cuerpo y establecieron unas pautas para tratarse con respeto:

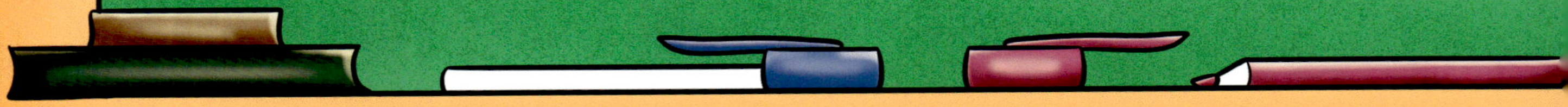

* No opinar de la apariencia
de nadie.

* Ponerse en el lugar del otro
antes de hacer un comentario.

* Escuchar y respetar los límites
de cada uno.

Poco a poco, Pedro fue sintiéndose mejor, hasta que un día la inseguridad dio paso al amor propio.

También se hizo amigo de su espejo y cuando se lavaba la cara, sus ojos ya dirigían la mirada a su sonrisa, hasta que logró un objetivo importantísimo: quererse a sí mismo.